Guest Book

Guest Book

NAME	NOTE

Guest Book

NAME

NOTE

Guest Book

NAME

NOTE

Guest Book

NAME	NOTE

Guest Book

NAME	NOTE

Guest Book

NAME

NOTE

Guest Book

NAME

NOTE

Guest Book

NAME

NOTE

Guest Book

NAME

NOTE

Guest Book

NAME

NOTE

Guest Book

NAME

NOTE

Guest Book

NAME	NOTE

Guest Book

NAME	NOTE

Guest Book

NAME

NOTE

Guest Book

NAME

NOTE

Guest Book

NAME	NOTE

Guest Book

NAME	NOTE

NAME

NOTE

Guest Book

NAME	NOTE

Guest Book

NAME

NOTE

Guest Book

NAME

NOTE

Guest Book

NAME

NOTE

Guest Book

NAME

NOTE

Guest Book

NAME   NOTE

Guest Book

NAME

NOTE

Guest Book

NAME

NOTE

Guest Book

NAME

NOTE

Guest Book

NAME

NOTE

Guest Book

NAME

NOTE

Guest Book

NAME

NOTE

Guest Book

NAME

NOTE

Guest Book

NAME

NOTE

Guest Book

NAME

NOTE

Guest Book

NAME	NOTE

Guest Book

NAME

NOTE

Guest Book

NAME	NOTE

Guest Book

NAME

NOTE

Guest Book

NAME

NOTE

_____

_____

_____

_____

_____

_____

_____

Guest Book

NAME

NOTE

Guest Book

NAME

NOTE

Guest Book

NAME

NOTE

Guest Book

NAME

NOTE

Guest Book

NAME

NOTE

Guest Book

NAME

NOTE

Guest Book

NAME	NOTE

Guest Book

NAME

NOTE

Guest Book

NAME

NOTE

Guest Book

NAME

NOTE

Guest Book

NAME

NOTE

Guest Book

NAME

NOTE

Made in the USA
Monee, IL
02 May 2022